证券期货行政执法当事人承诺制度实施办法

中国法制出版社

证券期货行政执法当事人承诺制度实施办法
ZHENGQUAN QIHUO XINGZHENG ZHIFA DANGSHIREN CHENGNUO ZHIDU SHISHI BANFA

经销/新华书店
印刷/北京海纳百川印刷有限公司
开本/850 毫米×1168 毫米 32 开　　印张/0.75 字数/9 千
版次/2021 年 11 月第 1 版　　2021 年 11 月第 1 次印刷

中国法制出版社出版
书号 ISBN 978-7-5216-2225-6　　定价：5.00 元

北京市西城区西便门西里甲 16 号西便门办公区
邮政编码：100053　　传真：010-63141852
网址：http://www.zgfzs.com　　编辑部电话：010-63141673
市场营销部电话：010-63141612　　印务部电话：010-63141606

（如有印装质量问题，请与本社印务部联系。）

目　录

中华人民共和国国务院令

第 749 号

《证券期货行政执法当事人承诺制度实施办法》已经2021年9月8日国务院第148次常务会议通过，现予公布，自2022年1月1日起施行。

总理　李克强

2021年10月26日

证券期货行政执法当事人承诺制度实施办法

第一条 为了规范证券期货领域行政执法当事人承诺制度的实施，保护投资者合法权益，维护市场秩序，提高行政执法效能，根据《中华人民共和国证券法》（以下简称《证券法》）等法律，制定本办法。

第二条 本办法所称行政执法当事人承诺，是指国务院证券监督管理机构对涉嫌证券期货违法的单位或者个人进行调查期间，被调查的当事人承诺纠正涉嫌违法行为、赔偿有关投资者损失、消除损害或者不良影响并经国务院证券监督管理机构认可，当事人履行承诺后国务院证券监督管理机构终止案件调查的行政执法方式。

第三条 行政执法当事人承诺制度的实施应当遵循公平、自愿、诚信原则，不得损害国家利益、社会公共利益和他人合法权益。

第四条 国务院证券监督管理机构应当确定专门的内设部门负责行政执法当事人承诺工作，并将该内设部门与负责案件调查的内设部门分别设置。

国务院证券监督管理机构应当建立健全内部监督和社会监督制度，加强对负责行政执法当事人承诺工作的内设部门以及相关人员执行法律、行政法规和遵守纪律情况的监督。

第五条 当事人自收到国务院证券监督管理机构案件调查法律文书之日至国务院证券监督管理机构作出行政处罚决定前，可以依照《证券法》等法律和本办法的规定，申请适用行政执法当事人承诺。国务院证券监督管理机构应当在送达当事人的案件调查法律文书中告知其有权依法申请适用行政执法当事人承诺。

第六条 当事人申请适用行政执法当事人承诺，应当提交申请书以及相关申请材料。申请书应当载明下列事项：

（一）当事人的基本情况；

（二）提出申请的主要事实和理由；

（三）当事人已采取或者承诺采取的纠正涉嫌违法行为、赔偿有关投资者损失、消除损害或者不良影响的措施；

（四）国务院证券监督管理机构规定的其他事项。

当事人应当对其所提交材料的真实性、准确性、完整性负责。

第七条 有下列情形之一的，国务院证券监督管理机构对适用行政执法当事人承诺的申请不予受理：

（一）当事人因证券期货犯罪被判处刑罚，自刑罚执行完毕之日起未逾3年，或者因证券期货违法行为受到行政处罚，自行政处罚执行完毕之日起未逾1年；

（二）当事人涉嫌证券期货犯罪，依法应当移送司法机关处理；

（三）当事人涉嫌证券期货违法行为情节严重、社会影响恶劣；

（四）当事人已提出适用行政执法当事人承诺的申请但未被受理，或者其申请已被受理但其作出的承诺未获得国务院证券监督管理机构认可，没有新事实、新理由，就同一案件再次提出申请；

（五）当事人因自身原因未履行或者未完全履行经国务院证券监督管理机构认可的承诺，就同一案件再次提出申请；

（六）国务院证券监督管理机构基于审慎监管原则认为不适用行政执法当事人承诺的其他情形。

第八条 国务院证券监督管理机构应当自收到当事人完整的申请材料之日起20个工作日内，作出受理或者不予受理的决定。决定受理的，发给受理通知书；决定不予受理的，应当书面通知当事人并说明理由。

第九条 国务院证券监督管理机构受理申请后，在与当事人签署承诺认可协议前，不停止对案件事实的调查。

第十条 国务院证券监督管理机构自受理申请之日起，可以根据当事人涉嫌违法行为造成的损失、损害或者不良影响等情况，就适用行政执法当事人承诺相关事项与当事人进行沟通协商。

当事人提交的材料以及在沟通协商时所作的陈述，只能用于实施行政执法当事人承诺。

第十一条 国务院证券监督管理机构与当事人进行沟通协商的期限为6个月。经国务院证券监督管理机构主要负责人或者其授权的其他负责人批准，可以延长沟通协商的期限，但延长的期限最长不超过6个月。

国务院证券监督管理机构与当事人沟通协商应当当面进行，并制作笔录。国务院证券监督管理机构与当事人进行沟通协商的工作人员不得少于2人，并应当向当事人出示执法证件。

国务院证券监督管理机构与当事人进行沟通协商的工作人员不得违反规定会见当事人及其委托的人。

第十二条 国务院证券监督管理机构相关工作人员与案件有直接利害关系或者有其他关系，可能影响公正执法的，应当回避。

当事人认为国务院证券监督管理机构相关工作人员有前款规定情形的，有权申请其回避。当事人提出回避申请，应当说明理由。国务院证券监督管理机构应当自当事人提出回避申请之日起3日内作出决定，并书面告知当事人。决定作出之前，被申请回避的人员不停止相关工作。

第十三条 国务院证券监督管理机构经与当事人沟通协商，认可当事人作出的承诺的，应当与当事人签署承诺认可协议。承诺认可协议应当载明下列事项：

（一）申请适用行政执法当事人承诺的事由；

（二）当事人涉嫌违法行为的主要事实；

（三）当事人承诺采取的纠正涉嫌违法行为、赔偿有关投资者损失、消除损害或者不良影响的具体措施；

（四）承诺金数额及交纳方式；

（五）当事人履行承诺的期限；

（六）保障当事人商业秘密、个人隐私等权利的措施；

（七）需要载明的其他事项。

本办法所称承诺金，是指当事人为适用行政执法当事人承诺而交纳的资金。

第十四条 国务院证券监督管理机构确定承诺金数额应当综合考虑下列因素：

（一）当事人因涉嫌违法行为可能获得的收益或者避免的损失；

（二）当事人涉嫌违法行为依法可能被处以罚款、没收违法所得的金额；

（三）投资者因当事人涉嫌违法行为所遭受的损失；

（四）签署承诺认可协议时案件所处的执法阶段；

（五）需要考虑的其他因素。

国务院证券监督管理机构可以就适用行政执法当事人承诺涉及的专业问题征求证券期货交易场所、证券登记结算机构、投资者保护机构等相关机构或者专家学者的意见。

第十五条 国务院证券监督管理机构与当事人签署承诺认可协议后，应当中止案件调查，向当事人出具中止调查决定书，并予以公告。

当事人完全履行承诺认可协议后，国务院证券监督管理机构应当终止案件调查，向当事人出具终止调查决定书，并予以公告。国务院证券监督管理机构出具终止调查决定书后，对当事人涉嫌实施的同一个违法行为不再重新调查。

申请适用行政执法当事人承诺的当事人为《证券法》等法律、行政法规和国务院证券监督管理机构规定的信息披露义务人的，应当依法履行信息披露义务。

第十六条 有下列情形之一的，国务院证券监督管理机构应当终止适用行政执法当事人承诺：

（一）当事人在签署承诺认可协议前撤回适用行政执法当事人承诺的申请；

（二）未能在本办法第十一条规定的期限内签署承诺认可协议；

（三）承诺认可协议签署后，当事人因自身原因未履行或者未完全履行承诺；

（四）承诺认可协议履行完毕前，发现当事人提交的材料存在虚假记载或者重大遗漏；

（五）承诺认可协议履行完毕前，当事人因涉嫌证券期货犯罪被依法立案。

发生前款规定情形的，国务院证券监督管理机构应当向当事人出具终止适用行政执法当事人承诺通知书；发生前款第一项至第四项情形的，还应当及时恢复案件调查。国务院证券监督管理机构在决定终止适用行政执法当事人承诺前，应当听取当事人的意见。

第十七条 国务院证券监督管理机构应当建立集体决策制度，讨论决定行政执法当事人承诺实施过程中的申请受理、签署承诺认可协议、中止或者终止案件调查等重大事项，并经国务院证券监督管理机构主要负责人或者其授权的其他负责人批准后执行。

第十八条 投资者因当事人涉嫌违法行为遭受损失的，可以向承诺金管理机构申请合理赔偿，也可以通过依法对当事人提起民事赔偿诉讼等其他途径获得赔偿。承诺金管理机构向投资者支付的赔偿总额不得超过涉及案件当事人实际交纳并用于赔偿的承诺金总额。投资者已通过其他途径获得赔偿的，不得就已获得赔偿的部分向承诺金管理机构申请赔偿。

承诺金管理和使用的具体办法由国务院证券监督管理机构会同国务院财政部门另行制定。

第十九条 当事人有下列情形之一的，由国务院证券监督管理机构记入证券期货市场诚信档案数据库，纳入全国信用信息共享平台，按照国家规定实施联合惩戒：

（一）因自身原因未履行或者未完全履行承诺；

（二）提交的材料存在虚假记载或者重大遗漏；

（三）违背诚信原则的其他情形。

第二十条 国务院证券监督管理机构工作人员违反

规定适用行政执法当事人承诺，或者泄露履行职责中知悉的商业秘密、个人隐私的，依法给予处分；构成犯罪的，依法追究刑事责任。

第二十一条 本办法自2022年1月1日起施行。

司法部、中国证监会负责人就《证券期货行政执法当事人承诺制度实施办法》有关问题答记者问

问：什么是证券期货行政执法当事人承诺制度？《办法》出台的背景是什么？

答：证券期货行政执法当事人承诺制度是指国务院证券监督管理机构对涉嫌证券期货违法的单位或者个人进行调查期间，被调查的当事人承诺纠正涉嫌违法行为、赔偿有关投资者损失、消除损害或者不良影响并经国务院证券监督管理机构认可，当事人履行承诺后国务院证券监督管理机构终止案件调查的行政执法方式。

党中央、国务院高度重视资本市场基础制度建设。经国务院批准，2015 年中国证监会开始在证券期货领域开展行政和解试点，并印发了《行政和解试点实施办法》。此后，中国证监会采用行政和解方式处理了一些疑难复杂案件，对及时赔偿投资者损失、提高行政执法

效能、尽快恢复市场秩序发挥了积极作用，市场总体认可。2019年修订的《证券法》第171条对证券领域行政执法当事人承诺制度作了原则规定，并要求国务院制定具体办法。2021年中共中央办公厅、国务院办公厅印发的《关于依法从严打击证券违法活动的意见》明确要求加快制定证券期货行政执法当事人承诺制度实施办法。

《证券期货行政执法当事人承诺制度实施办法》（以下简称《办法》）贯彻落实党中央、国务院决策部署和《证券法》要求，在总结试点经验基础上，以行政法规形式对行政执法当事人承诺制度作了规定。《办法》通过明确基本流程、严格限定适用范围、健全监督制约机制来规范行政执法当事人承诺制度的实施，确保制度公开公平公正实施，切实保护投资者合法权益、提高执法效能、防范道德风险。

问：建立证券期货行政执法当事人承诺制度有何意义？

答：证券期货行政执法当事人承诺制度在提高执法效率、及时赔偿投资者损失、尽快恢复市场秩序等方面具有重要意义。一是有效提高执法效能，化解资本市场执法面临的“查处难”与市场要求“查处快”之间的矛盾。二是及时赔偿投资者损失，增强其获得感和满意度。通常情况下，证券期货行政处罚案件的罚没款直接上缴国库，而受到损失的投资者通过民事诉讼求偿可能面临举证难、成本高、时间长等问题。适用行政执法当事人承诺，当事人交纳的承诺金可用于赔偿投资者损失，投资者获得及时有效救济的新途径，更加有利于保护投资者尤其是中小投资者的合法权益。三是切实提高违法成本，增强监管实效。行政执法当事人承诺具有涉嫌违法当事人履行意愿强、履行速度快等优势，且国务院证券监督管理机构认可的承诺金数额通常高于罚没款数额，使涉嫌违法当事人付出较高的经济代价。四是行政执法当事人承诺制度能够尽快实现案结事了、定纷止争，从而妥善化解社会矛盾，及时恢复市场秩序，稳定预期。

问：证券期货行政执法当事人承诺的适用条件是什么？

答：首先，《办法》明确规定行政执法当事人承诺制度的实施应当遵循公平、自愿、诚信原则，不得损害国家利益、社会公共利益和他人合法权益。其次，《办法》明确当事人可以申请适用行政执法当事人承诺的时间环节，为当事人自收到国务院证券监督管理机构案件调查法律文书后至国务院证券监督管理机构作出行政处罚决定之前。国务院证券监督管理机构应当在送达当事人的案件调查法律文书中告知其有权依法申请适用行政执法当事人承诺。再次，《办法》明确了不适用行政执法当事人承诺的情形，包括：当事人因证券期货犯罪被判处刑罚或者被行政处罚未逾一定年限；涉嫌证券期货犯罪依法应当移送司法机关处理；涉嫌证券期货违法行为情节严重、社会影响恶劣；没有新事实、新理由就同一案件再次提出申请，或者因自身原因未履行或者未完全履行承诺，就同一案件再次提出申请，以及国务院证券监督管理机构基于审慎监管原则认为不适用行政执法当事人承诺的其他情形。下一步，中国证监会将根据《证券法》和《办法》有关规定，进一步细化适用行政执法当事人承诺的情形。

问：适用证券期货行政执法当事人承诺的基本流程是什么？

答：一是申请及受理。当事人自收到国务院证券监督管理机构案件调查法律文书后至国务院证券监督管理机构作出行政处罚决定前，可以申请适用行政执法当事人承诺。对于不存在《办法》规定或者国务院证券监督管理机构规定的负面情形的当事人，国务院证券监督管理机构应当自收到当事人完整申请材料之日起 20 个工作日内，作出是否受理的决定。二是沟通协商。国务院证券监督管理机构可以在规定期限内根据当事人涉嫌违法行为造成的损失、损害或者不良影响等，就适用行政执法当事人承诺相关事项与当事人进行沟通协商。三是签署协议。国务院证券监督管理机构经与当事人沟通协商，认可其所作承诺的，应当与当事人签署承诺认可协议，并载明相关事项。四是中止调查。承诺认可协议签署后，国务院证券监督管理机构向当事人出具中止调查决定书并予以公告。五是履行协议。当事人应当严格履行承诺认可协议。当事人因自身原因未履行或者未完全履行承诺的，国务院证券监督管理机构应当终止适用行政执法当事人承诺。六是终止调查。当事人完全履行承诺认可协议后，国务院证券监督管理机构向当事人出具终止调查决定书并予以公告。对当事人涉嫌实施的同一个违法行为不再重新调查。

问：为什么说证券期货行政执法当事人承诺制度在最大限度保护投资者合法权益的同时，也保护了当事人自身合法权益？

答：一方面，行政执法当事人承诺制度能够及时赔偿投资者损失，且不影响其行使民事诉讼权利，充分尊重投资者对救济渠道的选择权。《办法》规定，投资者因当事人涉嫌违法行为遭受损失的，可以向承诺金管理机构申请赔偿，也可以通过依法对当事人提起民事赔偿诉讼等其他途径获得赔偿；投资者已通过其他途径获得赔偿的，不得就已获得赔偿的部分向承诺金管理机构申请赔偿。与民事诉讼需要投资者依法在胜诉后才能获得赔偿不同，适用当事人承诺案件的投资者可以按照《办法》规定向承诺金管理机构提出赔偿申请，经承诺金管理机构审核，符合条件的投资者可快速获得赔偿。

另一方面，《办法》通过严格规定国务院证券监督管理机构实施行政执法当事人承诺的行为规范，保障当事人权益。一是明确国务院证券监督管理机构应当在案件调查法律文书中告知当事人有权申请适用行政执法当事人承诺。二是提高行政执法效率，压缩国务院证券监督管理机构办理相关工作时限，规定其在 20 个工作日内作出是否受理行政执法当事人承诺决定，与当事人进行沟通协商的期限为 6 个月，经批准延长的期限最长不得超过 6 个月。三是对于不予受理的案件，要求国务院证券监督管理机构书面通知当事人并说明理由；要求国务院证券监督管理机构在决定终止适用行政执法当事人承诺前听取当事人的意见。四是加强对国务院证券监督管理机构的内部制约、外部制衡和社会监督，细化回避等程序规定，明确相关工作人员的保密义务。五是规定当事人在沟通协商时所作的陈述只能用于实施行政执法当事人承诺，以解除当事人后顾之忧。

问：为什么说证券期货行政执法当事人承诺制度是贯彻落实资本市场违法活动“零容忍”要求的具体举措，而非当事人“花钱买平安”？

答：国务院明确资本市场建设坚持“建制度、不干预、零容忍”的方针。《办法》贯彻落实上述精神，作了如下规定：一是当事人承诺具有严格适用条件，国务院证券监督管理机构经审查并集体决策后才能决定案件能否适用该制度。二是承诺金兼具惩戒和赔偿功能，承诺金数额的确定应当综合考虑当事人因涉嫌违法行为可能获得的收益或者避免的损失、当事人涉嫌违法行为依法可能被处以罚款和没收违法所得的金额，以及投资者因当事人涉嫌违法行为所遭受的损失等诸多因素，通常情况下数额要高于行政处罚的罚没款数额。三是除要求当事人交纳承诺金外，国务院证券监督管理机构还可以要求当事人采取自我核查整改、完善内部控制制度、增加合规检查频次、主动调整相关业务等措施，以纠正涉嫌违法行为、赔偿投资者损失、消除损害或者不良影响。因此，适用行政执法当事人承诺，是坚持“零容忍”要求的具体体现，不意味着当事人可以“花钱买平安”。

问：如何确保公平公正适用证券期货行政执法当事人承诺，《办法》建立了哪些监督制约机制？

答：为确保公平公正适用行政执法当事人承诺，防范道德风险、利益冲突和执法不公，《办法》作了如下规定：一是建立内部制约机制。国务院证券监督管理机构应当加强内部制衡与监督，由专门的内设部门负责实施行政执法当事人承诺具体工作，与案件调查部门（包括案件稽查、处罚部门）相互独立、相互制约，并建立健全内部监督制度；建立集体决策制度，讨论决定行政执法当事人承诺制度实施过程中的重大事项，经相关负责人批准后执行；国务院证券监督管理机构相关工作人员不得违反规定会见当事人及其委托的人，并对可能影响公正执法的情形明确提出了回避要求。二是加强外部制衡和社会监督。国务院证券监督管理机构在与当事人签署承诺认可协议后中止案件调查，以及在当事人履行承诺认可协议后终止案件调查，均应进行公告；当事人为法定信息披露义务人的，应当依法披露信息。三是限制适用范围，防止制度滥用。《办法》对当事人不适用行政执法当事人承诺的情形作了列举规定，并授权证监会基于审慎监管原则补充其他情形。对于证监会工作人员违反规定适用行政执法当事人承诺，或者侵犯当事人商业秘密、个人隐私的行为，还规定了相应的法律责任。

问：为什么说证券期货行政执法当事人承诺制度既总结已有经验，又满足实践需要？

答：与2015年证监会制定的《行政和解试点实施办法》相比，《办法》在总结试点经验基础上，进一步完善了相关制度：一是扩展了申请时间。考虑到试点时关于正式立案之后才可申请的规定过于严格，导致实践中大量案件无法进入承诺程序，《办法》删去了该项规定，有利于推动行政执法当事人承诺的合理适用。二是调整了适用范围和条件。《办法》删去了试点时关于行政执法当事人承诺仅适用于“涉嫌实施虚假陈述、内幕交易、操纵市场或者欺诈客户等违反证券期货法律、行政法规和相关监管规定的行为”，以及国务院证券监督管理机构派出机构查处的案件不适用承诺程序等规定；同时，《办法》以负面清单形式明确了不予受理的情形，以防止制度滥用。三是优化了启动程序。为保障当事人知情权，《办法》删去了试点时关于国务院证券监督管理机构不得主动或者变相主动提出和解建议的规定，要求国务院证券监督管理机构在案件调查法律文书中告知当事人有权申请适用行政执法当事人承诺。四是完善承诺金数额的确定因素。考虑到承诺金数额的确定是投资者获得合理赔偿的一项重要保障，《办法》新增“签署承诺认可协议时案件所处的执法阶段”作为考虑因素，鼓励尽早结案。五是明确集体决策制度。试点期间，证监会已经设立了行政和解委员会，由证监会相关负责人担任主任委员，对重大事项进行集体决策。《办法》将试点实践经验上升为行政法规，进一步加强监督制约，防范道德风险。

问：为贯彻落实《办法》，下一步有哪些工作安排？

答：下一步，证监会将加快推进《证券期货行政执法当事人承诺制度实施规定》等相关配套制度的制定工作，会同财政部将 2015 年 2 月发布的《行政和解金管理暂行办法》修改为《证券期货行政执法当事人承诺金管理办法》，进一步细化具体操作实施要求，更好落实《证券法》要求和确保《办法》落地实施。

证监会将严格落实“零容忍”要求，加大对资本市场违法行为执法力度，严厉打击各类违法违规行为，持续净化资本市场环境。同时，贯彻落实《办法》规定，及时回应解决证券期货行政执法当事人承诺制度执行中出现的新情况、新问题，依法保护投资者合法权益，维护公开、公平、公正的资本市场秩序，促进资本市场平稳健康发展。